无暇沟通的七个步骤
版权 © 2019

Kass Thomas

ISBN: 978-1-63493-264-6
版权所有。

由 KASS THOMAS 出版 - WWW.KASSTHOMAS.COM

--印刷于中国

ACCESS
CONSCIOUSNESS®
PUBLISHING

前言

　　我在美国有历史影响的马萨诸塞州的罗科斯伯里出生和长大。罗科斯伯里距离波士顿有十分钟的路程，是一个集全世界不同肤色、语言和风味的熔炉。

　　我直到18岁都住在那里，18岁时我离开了那里去纽约上大学，那是一个更大的熔炉。其中有一年我在巴黎，期间有频繁的旅行。纽约是我居住了十五年的家。之后我为爱搬到了罗马。

　　这些年来，我遇到了形形色色的人，他们来自各行各业，有着不同的种族、肤色、宗教和政治立场。不管这个人来自哪里，说什么语言或者所处的状况是什么，有一件事情对我来说一直都非常清晰，那就是：

我们之间的和合远胜于分离。当我们真正成为我们自己时，对我们来说，我们所具有的轻而易举的交流的能力，并与星球上一切人和事物建立真正的连接，都会来得自然而然。

　　这本书实际上在一天晚上唤醒了我，它对我说，"请把我写下来吧。现在是时候跟他人分享你所知道的关于交流的事情了。你可以向人们展示，一旦你与真正的你相遇，无暇沟通可以多么的轻松啊。"

　　现在它在这里，我的关于无暇沟通的小书。它很简短，简单，并且是一步接一步的。甚至有专门的空间可以用这些步骤试验，以及对如何在你的生活中使用它们的建议。

　　使用每个步骤后面"里程碑"的部分来记录你的成功。把它们写下来，然后分享给他人。向他人展示，连接是多么的轻松啊。

　　真正的连接从你开始，我亲爱的。祝你开心地揭开你真正所是的无暇沟通大师的面纱。

爱你的

Kass

这本书原计划在法国巴黎炸弹事件那一周印刷的。
这些暴力行为以及那些进行暴力行为的人，对我们所有的人来说，都是一种唤醒。

战争不是答案，暴力不是答案。我们才是答案。这里的提问是：
我们每天可以有什么微小的善意的行动，能够促进和平的文化？
对你，你的身体，你周围的人和事物友善。你每天微小的善意的行动都会有涟漪效应。你有能力并且将会贡献给和平的振动，在地球上创造出不同的可能性。

预先感谢你。

Kass Thomas
法国巴黎
2015 年 11 月

我们之间的和合
远胜于分离

目录

第一个阶段连接..5

  第一个步骤：向我展示魔法！.........................10

  第二个步骤： 与你的身体对话.......................18

第二个阶段断开连接..22

  第三个步骤：放下屏障....................................28

  第四个步骤：超越面纱....................................36

第三个阶段 重新连接..41

  第五个步骤：让宇宙加入................................46

  第六个步骤：扩展你的区域或者连接你的隐形和毛茸茸的朋友..54

第六个步骤：扩展你的区域或者第四个阶段建立真正的连接..59

  第七个步骤：与地球连接................................65

后记..70

附记..71

第一个阶段
连接

经常我遇到人们寻求如何更轻松地与他人交往的信息，如何成为更好的伴侣，雇员，或者简而言之，如何找到更多的幸福。然而，奇怪的是，他们与他们自己的生活是分离的。

人们在行动中迷失了自己，完完全全地失去了连接。

当然，任何人都会暂时走神，或者，在做白日梦时，短暂地失落在迷雾中，或者是其他的什么。但是，大多数人把他们900%的生命（是的，900！）都花在了其他地方，而不在此刻，他们肯定没有与他们自己或他们的身体连接。

因此，我首先推荐给每个人的，在试图连接他人前，再次确认你和你是连接的。

这两个步骤会帮助你连接你！

第一个步骤

向我展示魔法！

第一个步骤：向我展示魔法！

有好多年，我都在追逐"安住当下"这件事，试图弄明白它，抓住它，体验它，定义它，确认我到底有没有真正在做。

终于，在一个夏天，我决定自己来亲自实践。我休了一个月的假，在海滩附近找了间小屋，一辆破旧的自行车，决定要学习如何单纯地安住当下。

每天清晨拂晓时，我都会沿着橡树崖，骑着我快要散了架的老旧自行车，来到名叫蘸墨之井（Ink Well）的海滩。在那里，我会与一群年长者组成的团队"北极熊们"见面，他们每天清晨都在那里游泳。我会和他们一起在海洋里游泳，太阳初升时与鱼儿共融，真是太美了。

当"北极熊们"离开时，我就会专注于"安住当下"的事业。这些"安住当下的练习"包括：阅读不同的书籍，以便找到那一周那一天里适合的咒语开始，根据月相调整合适的水晶摆放方式，以及最佳的方位，以便在那个纬度做有效的冥想。

　　我做了几周这样的练习，当我终于回到纽约的家里后，我回看整个旅程，意识到我真正与自己保持当下，并且和万物共融，是我每天清晨骑车到海边的时候，是与鸟儿一起歌唱，与鱼儿一起游泳、与"北极熊们"开怀大笑的时候。

　　我花了一整个夏天寻找我，而其实我一直都在那里。我一直在寻找魔法，而魔法一直都与我同在！

你怎样才能让你连接到你呢？

第一个步骤的
练习
找到魔法

**在接下来的一周里，
每天提问一次：**

当进行一项常规的活动时，
花几分钟时间问自己：

此刻我能找到什么魔法？

也许是当你在刷碗时，
刷牙时，穿衣时或者割草
时。

提问："我现在在做自己
吗？"

"需要做什么吗？"

（此刻有没有什么需要我
的？）

第一个步骤的里程碑
向我展示魔法

我在以下"每天"的情境中找到了魔法…

例如：

a.当我晾晒湿衣服时，我注意到了太阳在泡泡中创造出彩虹…

b.今天，我伴随雨滴的韵律漫步，就仿佛在曼妙起舞

今天，当我……时，我发现了魔法

第一天：今天当...

第二天：

第三天：

第四天：

第五天：

第六天：

第七天：

第二个步骤

与你的身体对话

第二个步骤：与你的身体对话

你的身体在说话，你在倾听吗？
你的身体跟你交流的方式多种多样。你的
身体说的是什么语言呢？

你的身体是你的朋友，如果你愿意倾听，它会给你很多信息，帮助你进行无暇沟通。

你也可以花几小时沉思说什么话是适合的，接下来做什么，或者你可以简单地问你的身体，并且迅速轻松地得到答案。听上去是不是不错？是的，我知道。

一旦你获得了倾听你身体的技巧，你会创造出更多的可能性，增加你的金钱流，和他人在一起时会更开心，甚至可以避免不必要的疾病。共赢。

我多年前开始了跟我的身体的对话。以下是如何去做：我会问三个答案为

"是"或"否"的问题。它们或真或假。比如说我手中拿着一个杯子，而我说：这是一个勺子，这是一把刀，这是一个杯子，并且每一次都去倾听。

我会在能量层面倾听，注意是否有任何移动，任何变化或者其他，察觉真假之间的差别。

我注意到，如果是真实的，那会让我轻松，如果是虚假的，那会让我沉重。

试一试。它可以永远改变你的生活，让它变得太轻松！

对每个人来说，轻和重的感知都不一样。

有时候，也许你得到的不是清晰的"是"或"否"，尤其当你的提问涉及到其他人或者对你来说是重大的决定时。

那通常意味着你缺失了一些信息，或者你需要做一个不同的提问。

第二个步骤的练习
倾听你的身体

这一周里每天花五分钟来玩耍：**这是轻的还是重的？**

它如何运作？

造三句句子。一句真实，两句虚假。然后倾听！你在身体的哪个部分感受到了真实？

第1步 放松；

第2步 手中拿一支铅笔；

第3步 说："我手中有一支笔"；

第4步 倾听（看看你是否感受到"是"，意味着轻松或者扩展）；

第5步 然后再说："我手中有一杯茶"；

第6步 倾听（有任何"不"吗？感觉沉重吗？）

第7步 然后说"我手中有一盏灯"；

第8步 "倾听"。

第二个步骤的里程碑
倾听你的身体

做这个练习！
记录下来，当你说真话时，
展现给你的是什么；
而当你没有说真话时，
展现给你的又是什么。
你在身体的哪个部位感知到
了它？

通过真相，我感知…

举例：头部轻松，胸口
打开…

**如果是谎言的话，我感知到
的是…**

第二个阶段
断开连接

简单而快速地跟防卫状态断开的方法很重要，防卫让我们跟一切，每一个人包括我们自己分离！

头脑每天灌输给我们谎言、臆造和虚假的正能量，来干扰我们，使我们很难记起我们真正之所是，以及什么对我们来说是真实的。

当我们遇见新人或新情景，我们倾向于跟他们保持跟手臂那样长的距离，我们竖起围墙，隐藏到面具之后，用面纱来隐藏我们真实的自己，只是为了维持安全的距离。

这个距离确保了跟他人之间缺乏连接，最终会导致无聊，一种深刻的悲伤感，失望或者抑郁。

接下来的两个步骤会帮助你快速轻松地与你所不是的断开连接。它们可以减缓压力，减少焦虑，并且邀请你释放掉一直在你身体中携带着的压力。

这些家庭作业中的练习也会帮助你让头脑安静下来。

简而言之，这些步骤很酷。

你准备好了吗？好的，我们开始吧...

第三个步骤

放下屏障

第三个步骤：放下屏障

推下屏障的练习

开始手在头顶，双手掌心向下，开始慢慢地把掌心向下往地面推。慢慢的。

更慢！！！！

你能感知到屏障的顶部吗？如果没有也 OK，它仍然有效。当你慢慢将手掌推向地面时，屏障也会降下来，仿佛魔法一般。

如果你要感知一下屏障像什么以及它们到底在哪里，注意到双手向下移动时到达什么高度开始对抗或者犹豫。它很轻微，但你几乎可以感觉到屏障开始和结束的地方。轻柔地上下弹动双手，好像你在玩一个海绵球，实际上你在与这些屏障的顶部玩耍。

当你的手逐渐向地板缓缓下降时，每增加一厘米或英寸，如果你倾听，你也能够感知到双手滑动经过的身体的部位，压力被释放了出来。

我们再一次从头顶尝试。这一次，当手向下移动经过额头时，感受眉毛放松下来，感知到双手离开额头时眉毛向太阳穴两侧轻松延展。当你双手移动过身体那个部位时，如果压力没有自动离开，通过大声或低声重复"放下屏障，放下屏障，放下屏障"，邀请压力消散。记得这是一份邀请，不是指令或者命令，而是甜美的声音，甜美的对话，甜美的断开连接。你甚至可以拜托它们。

有时我会在半空中停下来，因为我知道我已经到达一个地方，压力、屏障还有那些墙壁没有移动。我深呼吸，微笑，跟屏障甜美地对话，邀请它们再降低一点，超越它们的舒适区。

当我做这个练习的时候，我通常会在 5 分钟后再尝试一次。我注意到在做第二次时，那些屏障会下降更多，它们自己降下来的。

试一下！和屏障一起工作，跟它协商。它是你为你的头部、你的心脏、你的身体，还有你的人生能做的最值得的练习。

第三个步骤的练习
放下屏障

在接下来的一周里，每天一次选择推下你的屏障。也许是在一种状况中，一个你认识的人或者陌生人令你一跳三丈高，这通常是父母，孩子，同事，前夫/前妻能一下子戳到你的痛处。

益处：在公共场合使用，不管什么地方你会反应或者防卫（拥堵交通，粗鲁的销售人员）。你不做反应，而是推下屏障。试一试！

记得几件事：
1.呼吸；
2.不要强迫，而是成为一份邀请；
3.感受压力从身体释放；
4.再试一次，五分钟后，看看发生了什么改变。

第三个步骤的里程碑
放下屏障

今天我在以下状况中放下了屏障。

1.

2.

3.

当我放下屏障时我注意到…

比如：（我的身体、他们的身体的不同；第一次他们向我微笑了，或者我看到，听到，感受到…；我终于可以没有……地跟他们对话了）

1.

2.

3.

第四个步骤

超越面纱

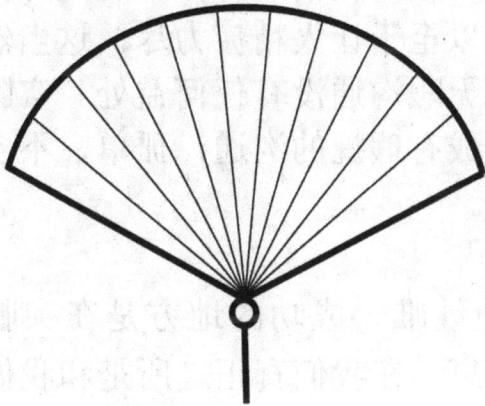

第四个步骤：超越面纱

有一张我们很多人都在使用的隐形的面纱，以保持和他人的距离。人们看到的不是我们，而是我们躲在其背后的面纱，好像分离真的是可能的，而实际上并非如此。为了建构一个我们相信分离是可能的实相，我们的身体和心灵有很多的紧缩，以至于让人精疲力尽，这当然对我们追求无暇沟通没有任何益处。实际上，它会造成有瑕疵的沟通，孤单，不安，还有抑郁。

面纱唯一成功的地方是在头脑里创造了分离，在我们真正之所是和我们所戴的面具，我们躲藏其后的面纱之间创造了距离。

这就是它运作的方式：这些带着面具版本的我们，慢慢变成了我们认为所是的样子。然后有一天，我们就开始怀疑有一些东西缺失了，我们发现那个缺失的是我们。我们透过眼角悄悄地看我们能否瞥见我们，但我们不知道如何超越它看到更多，如何找到我们，因为我们知道的唯一的我们被妥妥地隐藏在面具之后，在面纱之上。

有很多文化和课程保持面纱来维持一定的举止或姿态：好妻子；完美的丈夫；可靠的收入。在这些标签下，我们发现，我们所过的生活与我们真正之所是或者什么是对我们重要的毫不相关。

当你能够跟面纱断开连接，从面具后走出来，找到真正的你，你就有更多的选择。只有那时，你才与你的自性重新连接，与你、万事万物以及所有的人有更多的连接。

再见啦，行尸走肉的活死人，你再也不用等待代表你的一串数字被召唤了。

你开始活跃地过你的生活，做出能为你和周围人创造更多的选择。在你自己的人生中生机勃勃的生活，那种感觉太好了。你感觉很棒，并且你也邀请他人在他们的人生中重新焕发生机。

耶！让乐趣开始！

第四个步骤的练习
超越面纱

每天两次，花时间，简单地数到10。在你刚刚醒来和临睡前这样做。

这是它运作的方式：

1. 闭上眼睛

2. 一只手放在心的位置，另一只手放在胃部或者太阳神经丛（不管手自然放到胃部或太阳神经丛）

3. 坐下来，感受双脚在地上（如果你一定要站着，那也是可以的）

4. 数到10，一个接一个。

5. 不要忘记呼吸。

我们擅长让自己忙忙碌碌，做各种事情，考量，算计。请停下片刻，感受我们自己的脉搏。你的心跳感觉像什么？

没有时间限制，你自己选择。

第四个步骤的里程碑
超越面纱

今天数到 **10** 之后我能够...
比如：听到了音乐中比较难的乐符，
感受到了清风轻拂面颊，
咖啡煮熟前闻到了它的香味...

1.

2.

3.

今天当我...时，我超越了面纱

1.

2.

3.

我感受...
比如：毫不设防，被赋予力量，愚蠢...

1.

2.

3.

第三个阶段
重新连接

关于重新连接…

一旦我们知晓我们是谁，并和对我们来说什么是真实的相连接，和对我们来说什么是不真实的断开连接，我们就开始拥有更多的乐趣，并且以全新的方式享受我们周围的一切人和事。我们寻求不同实相的意愿，超越头脑控制的环境，这是有感染力的，每天都会增长。与我们天然的能力重新连接，和这美丽星球上的动物、植物、精灵、人类共融，这些都轻而易举。

接下来的两步，你会融合你与分子交流的能力，你也会学习如何快速地扩展你的空间区域。当你扩展了你的区域，进入更多的空间，你就会体验到完全不同层面的交流。

你也可以使用这些步骤来更好地跟你的隐形的和毛茸茸的朋友连接。玩得开心，在所有的地方以及以所有的方式来成为和接收贡献。

第五个步骤

让宇宙加入

第五个步骤：让宇宙加入

通常，当你和某人交流困难时，是因为他们以某种方式阻塞了能量的流动，或者仅仅是没有活在当下。

这里是你如何可以让能量流动起来，并邀请它们与你同在。这个 Access Consciousness 的工具很好玩，它像魔法一样有效，能运用于人生的各个方面：工作，性，关系，事业，等等。

这里是它运作的方式。

当你遇到**吸能量的人**时-那些总在从你那里吸能量的人，不去抵抗或顺从，允许他们耗尽你或者吸取你的生命力，简单地把能量流向他们。对，不要抵抗，追随能量。贡献于他们的努力。随顺流向，让他们吸取！那这是不是意味着你允许他们向滤层一样攫取直到你被吸干吗？当然不是！我所建议的是，你不仅停止抵抗，你同时也通过把能量流向他们而帮助到他们。说什么呢？！？！对，正是这样。

它如何运作的？

当你把能量流向他们时，你不仅仅从你和你的身体流动能量，噢，不是那样的。你是从你的背后拉能量，允许宇宙贡献于你，给你力量。现在把从宇宙流动过来的美味的能量穿过你，允许流向他们，然后通过他们，最终回到宇宙。宇宙支持你，也支持他们！

当你这边没有任何的抗拒，他们也就能放松他们紧张的攫取了。当他们放松下来时，你可以在你的身体里感受到，不会再觉得精疲力竭。一旦他们放松了攫取的能量，你就开始从另一个方向拉能量，从他们背后，通过他们流向你。一段时间后，你可以同时在两个方向打开能量流动。这会创造拉能量和流动能量的同时性。

他们会感觉更好，更临在，你也会感觉更好，宇宙也加入了玩耍。这允许你们之间的交流更顺畅。共赢。

当你遇到一些**竖起屏障的人**，你开始从他们背后拉能量，（让宇宙加入进来！），通过他们，流向你，通过你。再一次，他们会放松，当他们放松时，你可以从你的背后拉能量，通过你，流向并穿过他们。

这很简单。尽可能地拉能量，就像你很想要别人注意到你，或者你希望别人看到你的时候那样。使劲全力拉能量，通过你存在的每一个毛孔。拉能量并流动能量，观察宇宙是如何帮助你的。

第五个步骤的练习
创造能量流动

在接下来的一周里，每天至少一次让宇宙加入进来，创造能量流动。

首先察别能量在一个人或者一种情况中哪里卡住了。

然后提问：

这里如何让能量流动起来？

然后提问：

我需要流动能量吗？然后倾听你的身体。轻吗？

然后让宇宙加入进来，从你的背后拉（流动）能量。

沉重吗？然后让宇宙加入进来，从他们背后拉能量。

今天当...时，我让宇宙加入进来，并且玩耍创造能量流

例如：我的老板对我大吼大叫，我就从她背后向我拉能量，放下了屏障，并允许它流经我。其他的例子...

1.

2.

3.

有什么不同？

它是不同的，因为通常我会...

1.

2.

3.

第六个步骤

扩展你的区域
或者连接你的隐形和毛茸茸的朋友

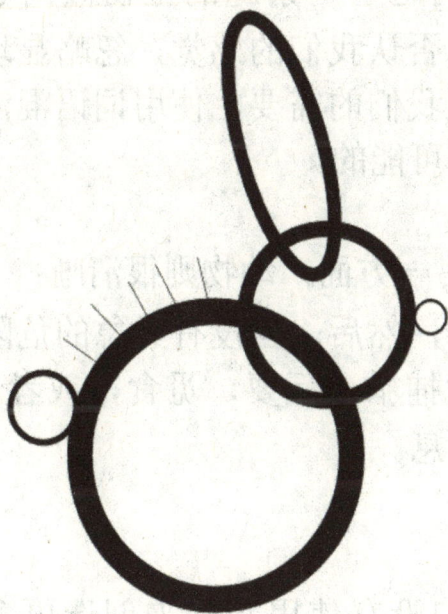

第六个步骤：扩展你的区域或者连接你的隐形和毛茸茸的朋友

观察并与动物互动也许是最简单的掌握无暇沟通的魔法和简单明了的方式。

我们这些两条腿的生物倾向于复杂的交流，否认我们的感觉，忽略显现的信号，拖延我们的需要，使用词语混淆和限制什么是可能的。

而另一方面，动物则很清晰：
安全第一，然后，当没有紧急的危险时，他们或者捕猎，玩耍，觅食，或者交配…
然后就休息。
简单。

我们没有使用头脑来创造更多的选择，而是建构了一个有着繁琐的规则和制度的社会，来遮掩最基本的东西。如此，我们甚至不知道何时捕猎，何时吃饭，何时跑步，或者何时躲藏。这引发了各种各样的困惑，创造了焦虑、压力和恐惧，使得我们跟任何人的交往都变得困难，甚至不可能，哪怕是最基本的层面。

觉察到这点，扩展你的区域，超越矩阵—这个建构的实相，减少让你日常分离或者困在恐惧中的压力。

如何运作呢？：

把注意力带到任何你感到身体有不舒服的位置。这个觉受也许以紧缩，疼痛或者简单的感觉显现出来。开始将空间呼吸到觉受的中心。是的，就好像你在慢慢把气球吹满，持续将空间吸入气球，慢慢地扩展那个区域的中心，超越你的身体，超越你所在的房间，超越整个大楼和整个城镇。持续不断直到你有空间的觉受，并且最初的那种觉受消散于无形。

这是轻松快速的方式，在你周围创造更多的空间，在你的头脑、心灵、环境和生活中有更大的平和。你可以在任何时候、任何地方使用它。

你也可以花时间跟它在一起，允许你的身体放松于这个步骤所邀请你进入的空间。

我们的身体里充满了空间。使用这个步骤
来扩展你的区域，邀请你的身体的空间与
你周围的空间连接。

第六个步骤的练习
扩展你的区域

接下来的一周，每天一次，花点时间拓展你区域的壁垒这里是如何做到：

把你的注意力带到太阳神经丛的位置（胸部下方，胃部上方）

把双手放在面前，双手掌心相对，在你太阳神经丛的高度。

想象你的手在一个紧闭的盒子里。

慢慢地分开你的双手，想象他们在推开在你太阳神经丛的一个紧闭的盒子。

持续扩展盒子里的空间一左边，右边，上面，下面，你的前面和后面。扩展盒子的区域，当你这样做时，扩展你的太阳神经丛区域，慢慢地分开你的双手，直到你的手臂完全伸展开，纸盒变为平板。然后继续，超越你所在的房间的墙壁，超越城市的局限，上达天空，下入大地以及各个方向。

记得呼吸。

第六个步骤的里程碑
扩展你的区域

通过使用"扩展区域"的练习，你可以释放你的身体、动物的身体或者房间里的紧张。

今天，我扩展了区域，把轻松带到了...

例子：腿部抽筋，跟姐姐吵架，

一只受惊的猫或者古怪的银行工作人员

1.

2.

3.

4.

第四个阶段
建立真正的连接

宇宙中的每一个分子都与宇宙中的其他分子持续的交流。

当我们愿意看到魔法，倾听我们的**身体**，放下我们的屏障，超越头脑臆造出来的分离，**让宇宙参与**，扩展我们的区域，包含进所有的人和事，然后，我们与宇宙中的每一个分子**建立真正的连接**就很简单了。

我们是宇宙的伟大宝藏之一，我们美丽的星球也同样如此，还有星球上的一切人和事皆是如此。

一旦你经过了这七个步骤，你就开始认识到，没有"他人"，并且，与万事万物的共融已经存在了。从那个空间，所有的交流都是无暇的。

这最后一步将帮助你与活着的持续的喜悦重新连接，提醒你，你总是可以通过和地球连接来建立**真正的连接**。

我们能进入超越我们物理形态的东

西，它们支持我们做所有的事情，帮我们与我们之所是的一切连接。

我们之间的和合远胜于分离。

享受你的生活，庆祝你跟一切的真正的连接吧！

第七个步骤

与地球连接

第七个步骤：与地球连接

地球是惊人的并且是难以置信的魔幻之地。它提供了滋养，营养，安全栖居地，娱乐，热力，好奇，神秘，奇迹以及更多的方面。地球是一个永无止尽的惊奇的纵横交织的源泉。我们能从她的恩惠那里学到什么呢？

当我们愿意连接地球提供给我们的浩瀚的资源时，那么，有那么多温柔的潜能对我们来说都是唾手可得的。

很多人有很多观点，诸如地球需要什么，不需要什么，以及最好的关照这个星球的方式等等。

我相信，如果我们照顾好我们自己，那么地球也会被照顾好的。

意识到**魔法**蕴于地球每天的表达中，这是一份礼物。日出，日落，黎明…我说的确实是这个意思：你看过任何东西如此简单而又如此美丽吗？你甚至不需要看它，只是谈论和阅读有关它的内容，并知晓它即将到来，就足以兴奋之至了。

请求对我们来说什么是真实和轻松的有更多的清晰，并且倾听我们的**身体，这**是一种对地球和对宇宙认可的方式。

放下屏障，允许我们更轻松地给予地球和从地球接收。

超越所有人造的，走进自然，与树木连接，它们的振动使我们与我们自己和地球同频共振。

在有停滞的地方**创造流动**，并且在紧缩退化的地方**拓展**能量，让生命力呼入你和地球。

扩展地球上的那些动物，树木，植物以及充满紧张、压力和恐惧的人的区域。扩展他们，使得他们也能够接收并成为贡献。

要知道，**地球**需要你，你也需要地球，你是可持续性的未来的关键的一部分。愿意和地球连接，会邀请到恩惠、平安和喜悦进入你的生活，花朵也会仅仅为你开放，作为它们表达感谢的方式。

这是你的无暇沟通。

你是水滴，你同时也是海洋。成为你生活的源泉，一切都会轻松的连接及贡献于你。

第七个步骤的练习
从地球拉能量通过你的身体

把你的脚放在地上，闭上眼睛，把注意力带到地球的中心，核心。

连接到地球核心的强度，想象两条线从地球中心延伸出来，穿透地球的表层。

把它们从你的脚心拉进来。这两条线，连接地球中心，进入你的脚部，通过你的脚踝，一直上升到你的腿部，在你的腹部交合。然后他们持续穿过你的心，通过你的脖子向上，从头顶出去。

想象这条线从地球中心开始，通过你和每一颗星星、每颗星星之间的空间连接。

每天至少一次，连接地球。

每一次你连接时，注意到它多么的轻松，你多么快的成功，以及地球会以不同的方式让你知道你已经连接了。

今天，当我停下来跟...对话。

例如：通常我从来不讲话的那个人，一棵树，我的植物，一只猫...

今天当我和...交流时，我感受到了地球的临在。

例如：我的身体，我的狗狗，我的妈妈...

第七个步骤的里程碑
从地球拉能量通过你的身体

每天至少一次，连接地球。
每一次你连接时，注意到它
多么的轻松，你多么快的成
功，以及地球会以不同的方
式让你知道你已经连接了。

**今天，当我停下来跟…对
话。**

*例如：通常我从来不讲话的
那个人，一棵树，我的植
物，一只猫…*

**今天当我和…交流时，我
感受到了地球的临在。**

*例如：我的身体，我的狗
狗，我的妈妈…*

后记

接下来还有什么？

无暇沟通的七个步骤中的每一步都可以单独使用，或者一起使用。

有时候是一步，有时候是几个步骤的结合，有时只是想到几个步骤，情况就会改变。

关键是使用它们，认出他们可以多么轻松地在任何时候转化你人生中正在发生着的事情。你可以使用它们，把情境转变为对你更有利，并创造出更多的可能性。一旦你与这些步骤的每一步都一起玩耍了，你会熟悉它们所创造的振动，你会本能地知晓，召唤哪一步来创造你所寻找的改变。

享受这些步骤，在探索与周围所有人和事物轻松无暇沟通的过程中玩得开心。

Kass

附记

如果你享受这本书，想要更多地与这些步骤玩耍，或者更多地了解我的工作坊，你可以在网站
www.kassthomas.com www.7steps.us 或者，
accessconsciouness.com/kassthomas 找到我。

我可以在线上做私人个案，团体培训或者仅仅是打个招呼。
如果你想要了解更多关于*Access Consciousness* 的内容，请登录网站 *accessconsciousness.com*

我也在全世界旅行，提供工作坊和研讨会，也许有一天在某个地方，我们会见到彼此。

我们之间的连接远胜于分离。

那么找我吧，让我们连接。

这很简单！

www.ingramcontent.com/pod-product-compliance
Lightning Source LLC
Chambersburg PA
CBHW011759040426
42447CB00015B/3453